GALERIE

DE M. LE COMTE D'ESPAGNAC.

TABLEAUX

composant la galerie

DE M. LE C^{TE} D'ESPAGNAC.

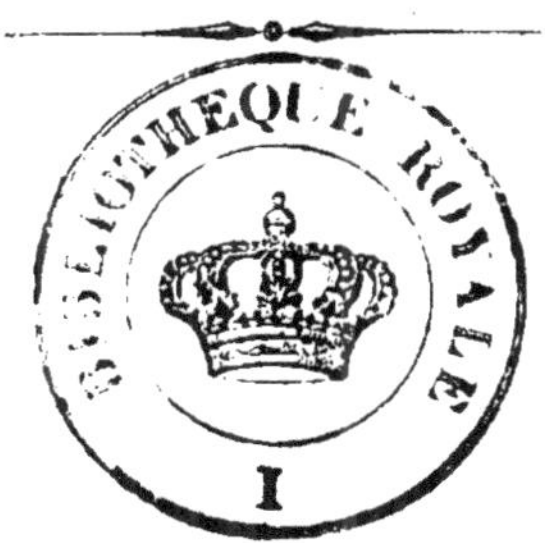

PARIS,

IMPRIMERIE DE H. FOURNIER ET CIE.,
RUE DE SEINE, 14.

—

1838.

TABLE ALPHABÉTIQUE

DES PEINTRES.

	NAISS.	MORT.
ALBANE (François).	1578	1660
ANNÉE (Charles).		
BAROCHE (Fiori Federigo).	1528	1612
BOTH (Jean).	1610	1650
BOUCHER (François).	1704	1770
BOULANGER (Jean).	1590	1660
BRÉEMBERG (Bartholomé).	1620	1660
BRIL (Paul).	1554	1626
CANALETTI (Antonio Canal).	1597	1668
CARAVAGE (Amerighi).	1569	1609
CARLO DOLCI.	1616	1686
CARRACHE (Augustin).	1558	1601
CARRACHE (Annibal).	1560	1609
CERQUOZZI (Michel-Ange des batailles).	1602	1668
CHAMPAIGNE (Philippe).	1602	1674
CHARDIN (Jean).	1698	1779
CIGNANI (Carlo).	1628	1719
CLAUDE GELÉE (le Lorrain).	1600	1682
CLÉRIAN.		
CORRÉGE (Allegri Antonio).	1494	1534
CORTÈSE (Guglielmo).	1628	1679
CRAYER (Gaspard).	1582	1669
CRESPI (Daniel).	1582	1630
CRESPI (Maria Bustini).	17ᵉ siècle.	

	NAISS.	MORT.
DAGNAN (Isidore).		
DECKER (Cornille).	1637	1680
ELSHEYMER (Adam).	1574	1621
FONTANA (Lavinia).	1552	1614
GIMIGNANI (Giacinto).	1611	1681
GREUSE (Jean-Baptiste).	1734	1807
GRIMOU (Alexis).		1740
GROS CLAUDE.		
GUERCHIN (Barbieri da Cento).	1590	1666
GUIDE (Reni).	1575	1642
HALLS (François).	1584	1666
HOBBEMA (Meinder).	17e siècle.	
HONTORST (Gherardo della notte).	1592	1665
JORDAENS (Jacques).	1594	1678
KONING (Salomon).	1609	
LARGILLIÈRE (Nicolas).	1656	1746
LEBRUN (Mme).		
LEBRUN (Charles).	1619	1690
LENAIN (Antoine).		1648
LESUEUR (Eustache).	1617	1655
LUINI (Bernardino).	16e siècle.	
MARINARI (Onorio).	1627	1715
MILET (Francisque).	1644	1680
MOLA (Jean-Baptiste).	1611	1641

	NAISS.	MORT.
MONSIGNORI (Girolamo).		1540
MOUCHERON (Frédéric).	1633	1686
MURILLO (Bartolomeo).	1618	1682
NETSCHER (Gaspard).	1639	1684
PARMESAN (François Mazzuoli).	1503	1540
PAUL VERONESE (Cagliari).	1530	1588
PEETER NÉEFS.	1570	1651
PINAKER (Adam).	1621	1673
PIOLA (Paolo Girolamo).	1666	1724
PONTORME (Carruci).	1493	1552
REMBRANDT (Van Ryn).	1606	1674
RENOUX.		
RIBERA (l'Espagnolet).	1588	1659
RIZZO DI SANTA CROCE.	15ᵉ siècle.	
RUYSDAEL (Jacques).	1640	1681
SACCHI (Andrea).	1600	1661
SALVATOR ROSA.	1615	1673
SCHEDONE (Bartolomeo).		1615
SUBLEYRAS (Pierre).	1699	1749
SWANEVELT (Herman d'Italie).	1620	1690
TÉNIERS (David).	1610	1694
TINTORET (Jacopo Robusti).	1512	1594
TITIEN (Vecellio).	1477	1576
VAN BERGHEN (Dirck ou Thierry).	1640	
VAN BLOOMEN (Orizzonte).	1656	1740
VANDER HELST (Bartholomé).	1613	

CLASSEMENT

DES PEINTRES

PAR ORDRE ALPHABÉTIQUE.

ALBANE,

(François.)

L'enlèvement d'Europe.

L'histoire de cette charmante fille de roi, dupe de la plus odieuse métamorphose, et dont l'Europe garde le nom, devait sourire à la poétique palette du peintre des grâces et des amours.

Europe, jouant avec ses compagnes, avait enlacé de fleurs ce blanc taureau paissant sur le rivage ; il était si docile, il fléchissait les genoux d'un air si caressant, qu'elle s'est élancée sur lui sans défiance. Alors, plus prompt que l'éclair, malgré ses larmes et les cris partis du rivage, le ravisseur entraîne Europe à travers la mer profonde. Les flots sont calmes ; le ciel est riant ; de malins amours, de perfides zéphirs, favorisent cette déloyale victoire du plus puissant des dieux.

BAPTÊME DE JÉSUS.

Pèlerinage de Montegibbio; castel modénais bâti comme un nid d'aigle ; pourrais-je oublier qu'en gravissant jusqu'à toi, à travers les cendres d'une irruption récente, et parmi les débris de l'antique villa de Pline, j'allais te ravir la séculaire possession de ce tableau ! Il a, comme le précédent, tout l'éclat argentin du plus beau faire de l'Albane.

ANNÉE,

(CHARLES.)

SCÈNE DE BOUDOIR. — LEÇON DE MUSIQUE. — LE BAIN DE PIEDS. — LA VISITE DU DOCTEUR.

Pasticher certaines qualités techniques d'une école, quand sous d'essentiels rapports on demeure soi-même, ce n'est pas commettre un plagiat, car désormais sans imiter comment peindre? après les maîtres italiens, espagnols ou hollandais, que reste-t-il à inventer? l'homme de talent, comme un spéculateur habile, emprunte pour mieux s'enrichir.

Que M. Année continue donc à choisir pour modèles, Metzu, Rembrandt et Gérard dow. La Consultation du docteur et le Bain de pieds, sont des œuvres, certainement, de la plus brillante distinction.

BAROCHE,

(Fiori Federigo.)

TÊTE DE SAINT JOSEPH. — LA SAINTE FAMILLE.

Cette étude de la tête de St. Joseph, pour le beau tableau du Repos en Égypte, tient un peu d'un rêve par sa touche vaporeuse quoique exsive.

L'étonnant fini de cette autre toile du Baroche, signale une habileté commune à la plupart des grands artistes de cette époque, se complaisant dans la perfection de tableaux de petite dimension.

BOTH D'ITALIE,

(Jean.)

DEUX PAYSAGES AVEC SOLEIL COUCHANT.

C'est le soleil lui-même, c'est la nature, qui inspirèrent au pinceau puissant de Both ces deux resplendissantes études, dont l'énergie le dispute à la science. Heureux contemporain et imitateur de Claude, Both sut lui dérober une partie de son admirable génie.

BOUCHER.

(FRANÇOIS.)

LA POÉSIE LYRIQUE. — L'ASTRONOMIE.

Dès l'âge de 19 ans, Boucher mérita le prix du
concours académique, et partit pour l'Italie, qu'il
aurait dû revoir dans un âge plus mûr. Sa touche
était correcte et légère, son imagination gracieuse et
féconde; mais il ne sut se défendre ni d'une dange-
reuse facilité, ni du goût dégénéré de son époque.
Cependant il ne parlait des maîtres italiens qu'a-
vec un respect tenant de l'enthousiasme et du
culte. Le jugement sévère de la postérité, à l'égard
de Boucher, atteste qu'un beau talent ne conduit
pas toujours à la vraie gloire.

L'allégorie de la Poésie est d'une suavité remarquable.

BOULANGER,

(JEAN.)

FONTAINE DE CANDIONE. — FONTAINE DE LA MULE.

Un artiste français, aussi gracieux compositeur
que charmant coloriste; qui, après s'être formé
à l'école du Guide, voua son talent et son existence aux ducs de Modène, Boulanger, est l'auteur
de ces deux fontaines fabuleuses. L'une métamor-

phosait l'eau en lait, tandis que l'autre par sa
fraîcheur rompait tous les vases, hors ceux faits
avec la corne de mule. Les nombreuses et élégantes
fresques, dont cet artiste a embelli le château de
Sassuolo, ont illustré son nom, que revendique
l'Italie.

BREEMBERG,

(Bartholomé.)

UNE GROTTE ET DES PÈLERINS.

Ce tableau est agréable, et la touche générale
a une certaine opulence qui appartient à l'école
de Rembrandt.

BRIL,

(Paul.)

PRÉDICATION DE SAINT JEAN.

Figures par Annibal Carrache.

Parmi les peintres qui, choisissant l'Italie pour
seconde patrie, lui ont légué de leurs ouvrages,
il faut placer le paysagiste Paul Bril. Imitateur de
la manière des Carraches, leur collaborateur souvent, plusieurs de ses tableaux furent enrichis de
figures par Annibal. Celles de la Prédication de
Saint Jean, sont évidemment du maître bolognais.

CANALETTI,

(Antonio Canal.)

TROIS VUES DE VENISE.

La poétique Venise, à la fois grecque, mauresque et européenne, est là, telle que dans la première moitié du 17° siècle, elle souriait au talent si original de Canaletti. Venise ne lui doitelle pas un mausolée, à celui dont les vivantes peintures, raniment l'antique splendeur de ses monuments et de ses palais, désormais déserts?

CARAVAGE,

(Michel-Ange Amérighi.)

LA VIERGE APPARAIT A SAINT ANTOINE ABBÉ, ET A SAINT DOMINIQUE.

La carrière artistique du Caravage, est l'un des plus frappants exemples, de l'influence qu'exerce sur le talent d'un peintre son caractère.

Sa vocation l'entraînait vers l'imitation de la nature; ses commencements furent tels, qu'ils lui méritèrent cet éloge d'Annibal Carrache, qu'il broyait de la chair sur sa palette. Mais comme s'il se fût lassé d'une si belle gloire, son génie devint ensuite sombre et trivial, n'ambitionnant plus que d'étranges succès. Cette esquisse est de sa meilleure manière.

CARLO DOLCI.

LE CHRIST PORTANT SA CROIX.

Cette tête, dont le type a été dérobé au ciel même, a une expression profonde, touchante, sublime, qui résume tout ce qu'il y a d'amour et de résignation dans le christianisme.

La main, considérée à son tour, n'est pas moins admirable, tant on y découvre de faiblesse et d'épuisement.

LA MADELEINE.

Madeleine, n'est qu'au début de son repentir ; c'est sa première vision céleste. Sa beauté, qui est dans tout son éclat encore, est ravissante. Son amour pour le Dieu qui se manifeste à elle a été si imprévu, qu'il conserve toute la voluptueuse expression d'un moins chaste amour. Rien de plus passionné que ses yeux et sa bouche.

SAINT LOUIS DE GONZAGUE.

Il y a une pensée touchante et mélancolique, dans la reproduction des traits décolorés de ce jeune homme, dont l'innocence virginale n'a passé sur la terre, que pour s'y faire contempler avant de se réfugier dans le ciel.

CARRACHE,

(AUGUSTIN.)

JÉSUS AU JARDIN DES OLIVIERS.

Augustin Carrache, frère d'Annibal, après s'être adonné avec émulation à l'art de peindre, l'abandonna pour se livrer plus spécialement à la gravure, et ce fut au grand dommage de la peinture, car son style était supérieur à celui d'Annibal.

Son Christ dans le jardin des Oliviers, seul avec sa fervente prière, sans cortége d'apôtres et sans assistance d'anges, est une conception d'un sublime pénétrant ; les angoisses qui l'assaillent n'ont rien d'humain. Au loin, parmi les ténèbres, et sans distraire du sujet principal, apparaît l'infernale bande de Juda.

CARRACHE,

(ANNIBAL.)

DÉPOSITION DE CROIX. — ASSOMPTION DE LA VIERGE. — PORTRAIT DU LITTÉRATEUR CROCCI.

Les qualités éminentes de l'illustre chef de l'école Bolognaise, l'invention, l'ordonnance et l'énergie de la couleur, se retrouvent dans ces trois tableaux d'Annibal Carrache.

L'un, est la première pensée du tableau de la galerie du Louvre. Dans l'esquisse de l'Assomption, sujet si brillamment exploité depuis par Murillo, la supériorité mystique de l'école italienne est surtout frappante. Enfin, dans le portrait de l'ami d'Annibal, l'illusion de la réalité est saisissante.

CERQUOZZI,

(Michel-Ange des batailles.)

Ce magnifique groupe de fruits, avec fragment d'architecture, fait voir comment l'art peut ennoblir et grandir le plus simple motif.

CHAMPAIGNE,

(Philippe.)

PORTRAIT DE RICHELIEU.

Champaigne, a particulièrement excellé dans le portrait. Jamais pinceau plus loyalement vrai que le sien, n'a mieux transmis sur toile la vie de ses personnages. Aussi, devons-nous à sa touche vive et large, plusieurs ressemblances historiques d'un haut intérêt.

Celle qui les domine toutes, comme appartenant à l'homme qui, lui-même, domina son siècle autant que le monarque qui l'appelait son ministre, rappelle le cardinal de Richelieu.

Il est vêtu d'une ample et traînante simarre de prince de l'Église, qui grandit presque idéalement sa stature. Sa tête se redresse fièrement, tandis que l'autorité de son regard se voile d'une calme majesté. Son geste impérieux, trahit bien mieux qu'il disposa du pouvoir suprême.

Le portrait qui est au Louvre diffère de celui-ci, non par la pose qui est la même, mais par la disposition de la simarre, et surtout parce que le fond sans paysage est totalement fermé par une draperie.

SAINT CHARLES BORROMÉE

Dans un petit médaillon, saint Charles, vu à mi-corps, adore un crucifix.

CHARDIN,

(Jean.)

Le talent de Chardin, était facile. Il s'adonna à représenter de petites scènes d'intérieur, et quelquefois il eût été avoué par l'école Hollandaise. Sa pensive Tricoteuse est un petit chef-d'œuvre, auquel il ne manque que plus d'intensité de coloris.

La touche de son portrait est vive et spirituelle.

CIGNANI,

(CARLO.)

VÉNUS CARESSE L'AMOUR.

Carlo Cignani, le plus célèbre des élèves de l'Albane, est l'auteur de ce très-petit ovale. Vénus, mollement couchée sous un frais ombrage, folâtre avec l'amour qu'elle caresse.

CLAUDE GELÉE,

(LE LORRAIN.)

FUITE EN ÉGYPTE.

Représentez-vous une campagne riante; des lointains s'éteignant dans la vapeur du soir; au premier plan de gracieux arbres, des eaux, parmi lesquels brillent les rayons inclinés du soleil; placez-y pour figures celles d'une fuite de la Sainte famille, et que le tout soit rendu avec un pinceau enchanteur, vous verrez un tableau de Claude Lorrain.

CAMPO VACCINO.

Cette petite étude du Campo Vaccino, à Rome, tire son principal intérêt du grand nom de Claude. C'est sans doute la première pensée du tableau qui fait partie de la collection du Louvre. La perspective aérienne et la dégradation des plans, signalent une main de maître.

CLÉRIAN.

REMBRANDT FAIT HOMMAGE A SON PÈRE DU PRIX DE SON PREMIER TABLEAU.

Ce tableau, d'une exécution si facile, promettait un talent de plus à la France. Son sujet renferme un doux intérêt, s'il est vrai que la reconnaissance est le plus noble aiguillon du talent; et quelle inépuisable reconnaissance que celle de la piété filiale!

CORRÉGE,

(ALLEGRI ANTONIO.)

CRÉATION D'ÈVE.

Par la volonté de l'Éternel, Adam est plongé dans un sommeil profond; tel que, malgré la splendeur qui dissipe la nuit autour du maître du monde, le mystère de la création de la femme s'est accompli à l'insu de notre premier père.

La conception du corps d'Adam, entièrement vu en raccourci, est d'une énergie égale à celle de l'exécution. Sur lui se reflètent, à travers les ombres nocturnes, les ardentes draperies dont s'enveloppe le Très-Haut porté sur des nuages.

Le geste de Dieu est irrésistible; c'est qu'en effet la création de la femme, lui paraissait le plus difficile comme le plus gracieux de ses chefs-d'œuvre.

La figure d'Ève, a ce type antique, pur, rêvé, qui n'est qu'un choix heureux fait parmi les charmes féminins les plus exquis. Elle n'a d'analogie possible, qu'avec cette Vénus pudique du ciseau grec, découverte à Rome à l'époque où vivait précisément le Corrége.

La puissance du clair-obscur, dans ce tableau, est aussi miraculeuse que celle du coloris et que le relief incomparable des formes.

REPOS DE LA SAINTE FAMILLE.

Tout est simple et touchant dans la biographie du Corrége : ainsi, on raconte que, jeune encore, affublé de son modeste bagage d'artiste, et riche seulement de ses inspirations si grandes d'avenir, il se plaisait à parcourir les montagnes des environs de Reggio. Ces apennines régions, avec leurs habitants agrestes comme elles, ne purent manquer de développer cette brillante originalité, qui caractérise le chef de l'école parmesane.

L'un des fort rares ouvrages de cette adolescente

époque de la vie du Corrége, c'est le Repos de la sainte famille, première pensée d'un sujet qu'il affectionna jusqu'à le traiter plus tard deux autres fois. Ce tableau, a toute la naïveté d'un premier amour, et tout y décèle déjà le merveilleux coloriste.

DEUX ENFANTS.

Les rapports de cette anacréontique composition, avec la célèbre frise du couvent de Saint-Paul, à Parme, semblent indiquer que le Corrége exécuta ces peintures à la même époque, qui fut celle de l'apogée de son talent. On peut supposer même, qu'en traçant les voluptueuses allégories de l'appartement de la jeune et mondaine abbesse, il lui vint l'idée de les compléter par celle-ci, sur laquelle son imagination se reposa. Deux enfants, de l'un et l'autre sexe, folâtrent ensemble. La petite fille cherche à contenir, avec des liens de roses, la pétulante ivresse du second enfant qui lui échappe en secouant des pavôts.

MADONE A L'ÉCUELLE.

L'œuvre capitale, dont on ne voit ici que l'esquisse, décore la galerie ducale de Parme. Cette esquisse intéressante est, comme le grand tableau, peinte sur un massif panneau de cèdre. La gloire d'anges est admirable.

CORTÈSE.

(GUGLIELMO.)

ÉPISODE DE PESTE.

Guillaume Cortese, cousin des Carraches dont il suivit l'école, nous a retracé l'un de ces sinistres événements de peste, qui dominent l'attention par leur effrayante poésie.

Ce gigantesque fléau, qui décima si souvent l'Europe et plus souvent l'Italie, restera éternisé par les vertus épiques de saint Charles et de Belzunce, encore plus que par le chef-d'œuvre trop érotique de Boccace. Comment n'eût-il pas ému l'imagination des peintres? Lorsque Cortese reproduisit cet épisode, Bologne sa patrie était encore palpitante, sous l'impression de la peste qui la ravagea en 1630.

Considérez cet horizon de feu; cette atmosphère funèbre; le spectre de la lune n'osant éclairer qu'à demi cette scène. Là, gissent des corps sans sépulture, heurtés par les porteurs d'un autre livide cadavre. Combien est grand l'effroi de ces hommes, et quelle insouciante curiosité dans le regard de cet adolescent qui les précède avec une torche. Ah! ce tableau attache trop, car il meurtrit l'âme!

LE CHRIST EXPIRANT.

Ce sujet, le plus solennel de tous ceux que l'art chrétien ose aborder, a été parfaitement compris par Cortese. Le Christ surtout est admirable; l'artiste a choisi l'instant où il expire. Au signal de son dernier cri, les ténèbres se précipitent sur la terre; le bon larron glorifie le fils de Dieu; les trois Maries, Saint Jean, jettent un déchirant regard vers le Sauveur; le centurion et ses soldats se troublent; cette esquisse est éloquente.

CRAYER,

(Gasaard.)

LA VIERGE, JÉSUS ET SAINT JEAN.

Ce petit camaïeu, à la manière de Rubens, est bien peint. La morbidesse des chairs est d'une grande suavité.

CRESPI,

(Daniel.)

DÉPOSITION DE CROIX.

Un sentiment profond de religion et de douleur, caractérise ce tableau de Daniel Crespi.

CRESPI,

(Maria Bustini.)

INTÉRIEUR DE CUISINE.

Un beau coloris, distingue ce motif d'intérieur, traité par un artiste de l'école milanaise.

DAGNAN,

(Isidore.)

BORDS DE LA RANCE ET DINAN. — RADE PRÈS DE MARSEILLE. — SOLEIL COUCHANT.

La phocéenne, la romaine, la française Marseille; cette cité née des douces ondes de la Méditerranée et des rayons du soleil; a inspiré, dès son berceau, l'auteur de ces trois compositions brillantes. Si Dinan se distingue par la richesse du paysage, de savantes oppositions et la belle distribution de la lumière, d'autre part, la rade de Marseille attire par sa majestueuse et simple ordonnance. Combien y paraît piquante cette combinaison de verdure, de monticules, de fabriques, avec les teintes bleues de la mer, le tout harmonisé par la somptueuse atmotphère d'un soleil couchant du midi.

Maintenant, c'est la merveille d'un disque du soleil que déjà l'horizon dévore, et qui grandit ses torrents de rayons quand la terre haletante lui échappe, qui a fourni à M. Dagnan le sujet de son troisième tableau. La tour, dont les lignes sont si pittoresques, est celle de Solidor, près de Saint-Malo.

VAUCLUSE. — TOUR DE SOLIDOR. — GRAND BÉ DE SAINT-MALO. — PONT DE SAINT-BENÉZÉ. — VUE DE GENÈVE. — CRANS PRÈS D'ANNECY. — LAC D'ANNECY.

Parmi tous ces tableaux, pétillant de soleil et de lumière, se révèle l'irrésistible penchant de M. Dagnan pour peindre les eaux. Disons aussi, que son habile pinceau, réussit à reproduire de mille et mille manières heureuses, ce ravissant miroir de la création et des cieux. Au torrent saccadé de Vaucluse ; aux vagues de Saint-Malo, brisées contre des rescifs ; au cours impétueux du Rhône ; aux étincelantes cascatelles du Fier ; il oppose la surface vaporeuse et paisible de ce lac d'Annecy, s'éclairant des premiers feux du soleil.

BROGNY, PRÈS D'ANNECY.

Quant à Brogny, l'on ne désire l'opposer qu'à lui-même, tant est privilégiée la beauté de ce site virginal, qui passionne le regard en procurant une douce extase à l'ame. C'est là que, loin des hommes, parmi les monts, les rochers et les plus frais ombrages, s'écoulent riantes de limpides eaux qui se brisent en harmonieuse cascade. Et l'artiste s'est, à ce point, identifié avec cette délicieuse nature, que ces eaux tombent, écument, se calment ou murmurent.

DECKER,

(Cornille.)

UN COUCHER DU SOLEIL.

Dans ce coucher du soleil, si mystérieux et si frais, Decker a cherché le faire de Ruysdael, en le combinant avec celui d'Hobbema.

ELSHEYMER,

(Adam.)

ADORATION DES BERGERS.

Un long séjour en Italie, et la tournure classique de son génie, ont suggéré à Elsheymer cette adoration si piquante d'effet, d'une exécution si large et si séduisante. Ici, comme dans la divine nuit du Corrége, c'est la splendeur du nouveau-né qui éclaire les premiers plans. Aux autres plans, on discerne la clarté de la lune et celle d'un flambeau.

FONTANA,

(Lavinia.)

MARIAGE DE SAINTE CATHERINE.

Le laurier des arts, que la postérité a placé sur le front de Lavinia Fontana, sied à ravir à la fille de l'un des premiers guides des Carraches. Ce fut autant, comme dessinatrice habile que comme suave coloriste, qu'elle marqua son rang parmi les artistes de cette école de Bologne si célèbre.

Elle excellait à peindre le portrait; ses autres tableaux sont rares.

GIMIGNANI,

(Giacinto.)

FONDATION DU BAPTISTÈRE DE SAINT-JEAN-DE-LATRAN.

Constantin, en présence du pape Silvestre, commence à creuser de sa propre main les fondations du Baptistère de Saint-Jean-de-Latran. C'est le sujet de l'une des fresques de ce monument, que Gimignani et Carlo Maratte furent chargés de décorer dans le xviie siècle.

GREUSE,

(Jean-Baptiste.)

INTÉRIEUR DE CUISINE.

Le talent plein de naturel de Greuse, est reconnaissable dans ce petit tableau. Voilà bien aussi la transparence de son coloris de prédilection. Mais, de la part du peintre de l'Accordée de village, ce n'est là qu'une débauche d'artiste.

GRIMOU,

(Alexis.)

JOUEUSE DE GUITARE.

Le peintre Grimou, florissait à l'époque trop fameuse de la régence. Sa manière, décèle un imitateur du coloris de Rembrandt. Bon dessinateur, il affectionnait les motifs gracieux.

GROS CLAUDE.

LE SALUT MILITAIRE.

Pourquoi Téniers, avec ses perpétuelles tabagies, ses éternelles kermesses, et, disons-le, malgré sa trivialité, ne lasse-t-il ni la vogue ni la bourse des amateurs? c'est qu'il possède une verve de naturel, étonnante dans ses écarts mêmes.

Cette franchise de verve et de touche, existe au plus haut degré dans le Buveur, ou Salut militaire de Gros Claude. La puissance du coloris y est surprenante.

LE MÉLOMANE.

Le charmant, le spirituel sujet du mélomane; qui, après une nuit de veille, passée à poursuivre un motif fuyant toujours; le possède avec transport quand déjà le jour luit; a valu à Gros Claude une inspiration fort piquante. Rien de plus pittoresquement exprimé que le désordre de cette chambre d'artiste. D'ailleurs, la force et la transparence du coloris ne laissent rien à désirer.

UNE ÉTABLE.

On conviendra, à la vue de cet autre tableau, que le talent du savant peintre neufchatelois sait se prêter à plus d'un genre. L'étude de ces animaux est aussi vraie, que la touche en est fine et consciencieuse. Le jeune berger est peint d'une manière très-remarquable.

PORTRAITS.

L'artiste, qui s'adonnerait exclusivement au portrait, prescrirait à son talent des limites par trop bornées; mais que pour lui cet exercice ne soit qu'un mode de perfectionnement, et il y puisera des ressources aussi certaines que précieuses : le passé l'atteste.

Une seule branche de l'art, eut à souffrir de cette étude trop fidèle de la nature, ce fut l'art religieux. Comment nier, qu'une sorte de paganisme pénétra dans nos temples, quand succédèrent aux types mystiques, ces belles formes humaines trop bien comprises par nos passions. On en vint jusqu'à placer sur les autels, des madones dont la ressemblance offensait la piété et provoquait le sarcasme. Alexandre VI, dans une des chambres du Vatican, se fit représenter par le Pinturicchio, en costume de roi mage, à genoux devant une Sainte-Vierge, impudique portrait de la belle Julie Farnèse.

Il y a beaucoup de verve et de naturel dans les portraits par Gros Claude.

GUERCHIN,

(Barbieri da Cento.)

CONVERSION DE SAINT PAUL.

Une énergie extraordinaire, caractérise cette peinture resserrée dans un cadre si étroit. On voit briller, à la lueur de l'éclair qui déchire la nue, le glaive du cavalier céleste qui frappe Paul et son escorte. Le chef païen, privé de sentiment, est renversé de son cheval, dont l'œil hagard et les naseaux béants expriment l'épouvante.

Tel fut le premier style du Guerchin, rival alors de celui de Caravage ; plus tard il l'énerva trop.

GUIDE,

(Reni.)

LA MADELEINE.

Le plus suave des peintres de l'école bolognaise ; le plus élégant ; le plus fin, de touche et de coloris ; c'est, sans contredit, le Guide. Il est l'auteur de cette ravissante Madeleine.

JÉSUS ET SAINT JEAN.

Depuis que le florentin Lippi, dans le xve siècle, eut donné l'exemple de perfectionner l'art du paysage, désormais l'imagination des peintres disposa d'un plus vaste choix d'effets accessoires. C'est ainsi que le Guide, formé à une école fertile en paysagistes, s'est complu à décorer avec une sage recherche, non seulement la composition précédente, mais encore le lieu de la première rencontre de Jésus avec son précurseur.

Toute la suavité du pinceau de l'artiste, a passé dans les élégantes formes juvéniles du fils de Marie. Saint Jean s'incline, ému de bonheur et de respect.

Il se distingue de l'homme-dieu par des proportions plus terrestres, et par une carnation dont la teinte basanée est bien celle de l'homme du désert.

UN ENFANT ENDORMI.—TÊTE DE SAINT FRANÇOIS.

Cet enfant dort avec l'abandon le plus charmant. Le pinceau qui en a caressé les formes, a déployé autant de grâce que de richesse.

Cette étude de tête de saint François est d'une exquise finesse.

PORTRAIT DE CARDINAL.

Un faire large, dont la liberté et l'audace manifestent hautement la science, distingue ce portrait de cardinal. La tête, pleine de vie, est la seule partie du tableau qui soit finement achevée.

Le Guide aima, quelquefois, à reproduire la brillante hardiesse du Caravage.

LE BON PASTEUR.

Quel touchant et évangélique motif, que celui du bon Pasteur! Ne dirait-on pas, qu'il délecte à la fois le cœur et l'âme? Aussi, le pinceau du Guide, l'a exprimé avec tant de délicatesse, qu'il semble avoir craint de le trop matérialiser.

HALLS,

(Français.)

HENRIETTE D'ANGLETERRE.

La fille de Charles Ier, la petite-fille de Henri IV ; cette Madame, dont Bossuet devait raconter la mort, en faisant tressaillir la voluptueuse cour de Versailles ; la voilà, avec toute la naïve insouciance du jeune âge. Son avenir, alors, ne la préoccupait pas au-delà des frivoles caresses du chien avec lequel elle badine.

François Halls est l'auteur de ce portrait, d'autant plus remarquable, qu'il semble unir à la touche fine de Mieris, le large faire de Van-Dyck.

HOBBEMA,

(Meinder.)

UNE FORÊT.

Figures par Adrien Vandenvelde.

Quelle imagination un peu vibrante, ne se passionne pas pour un beau paysage, et ne subit pas le charme des eaux, de la verdure, du ciel et des forêts ! ces frais zéphirs, qui font savourer l'existence ; cet air ambiant, qui harmonise les teintes en adoucissant les formes ; ce soleil, ces arbres, qui colorent ou mettent en relief la nature ; voilà ce que les artistes demandent à leur palette, mais combien peu y trouvent ce qu'ils cherchent !

Aussi le paysage, auquel on n'assigne cependant que le second rang dans l'art de peindre, compte-t-il à peine quelques rares noms, qui surnagent sur le torrent des vanités si décevantes. Un nom, méconnu d'abord et si retentissant aujourd'hui, est celui d'Hobbema. Jamais la nature n'eut de plus étonnant interprète. Contemporain et compatriote de Ruysdael, il partage enfin avec lui le sceptre du paysage hollandais.

Cette forêt, peut prendre rang parmi ses chefs-d'œuvre. Partout l'air et la lumière y circulent. Le grandiose, la perfection de la touche, sont incomparables ; au point que les eaux, les lointains, le feuillage, y produisent une illusion qui transporte.

Il appartenait à Vandenvelde de compléter ce tableau, en y plaçant un cavalier, des chasseurs et des chiens.

PASSAGE D'UN GUÉ.

Figures par Lingelback.

Telle est la glorieuse destinée d'un talent de premier ordre, qu'il suffit de l'opposer à lui-même, pour décider de l'infériorité d'un de ses ouvrages.

3.

Ce qui eût assuré la renommée d'un autre artiste, n'est qu'un titre secondaire pour la sienne. Ce passage d'un gué est un beau tableau, lorsque la forêt de l'article précédent est un prodige.

Les deux cavaliers et les autres figures sont dus à Lingelback.

HONTORST,

(GHERARDO DELLA NOTTE.)

LE CALCULATEUR.

Le surnom de Gherardo della Notte, donné par les Italiens à Hontorst, provint de la réputation qu'il s'était acquise en traitant des effets de nuit. Quant à son savoir-faire, le Calculateur suffirait pour l'attester. Les mains sont supérieurement peintes.

JORDAENS,

(JACQUES.)

BACCHANALE.

Cette maquette de Jordaens, eût été avouée par Rubens. A distance, son effet croît singulièrement. Cette distance relative est d'ailleurs, pour l'amant des arts, une condition de jouissance qu'il doit bien se garder d'enfreindre.

KONING,

LE PESEUR D'OR.

L'allemand Koning, figure parmi les imitateurs de Rembrandt, sans perdre le mérite d'une originalité qui lui est propre. Son Peseur d'or, est dessiné et peint, avec une franchise égale à la transparence des tons.

LARGILLIÈRE,

(Nicolas.)

PORTRAIT DE LA MARQUISE DUCHATELET.

On a dit de l'illustre amie de Voltaire : qu'elle aimait l'étude et la célébrité, mais que ses deux passions dominantes furent le jeu et l'amour. Si elle eut le cœur tendre, elle fut aussi douée d'un esprit supérieur, d'une belle imagination et d'une âme fière et généreuse.

La physionomie, retracée par son portrait, dénote autant de finesse que de pénétration. Quelques attributs de toilette et de science sont là, placés et confondus à dessein.

La France s'enorgueillit du talent plein d'éclat de Largillière, autant que dut se glorifier d'un pareil élève le flamand Goubeau, son premier maître.

LEBRUN (Mme).

UN PORTRAIT.

Madame Lebrun, cette muse française qui survit encore à son enivrante renommée, a peint, il y a cinquante ans, ce portrait de jeune garçon.

LEBRUN,

(CHARLES.)

LA MADELEINE.

La tendre Lavallière, qui n'aima qu'une fois, et qui dans sa bonne foi d'amour crut n'adorer que l'homme dans Louis XIV : cette douce femme, si désabusée, si repentante, que l'égoïsme d'un roi brisa comme un simple caprice : devait encore être offerte, par le pinceau de Lebrun, en holocauste à la vanité de son séducteur.

Le grand tableau de cette esquisse, qui est fort belle, appartient à la collection du Louvre.

LENAIN,

(ANTOINE.)

ADORATION DES BERGERS.

L'on est d'abord tenté d'attribuer à une école

étrangère, surtout à l'école vénitienne, ce tableau que réclame pourtant l'école française.

L'époque précise de la naissance de Lenain est peu connue; son histoire est restée fort obscure. Il mourut vers la moitié du xviie siècle.

Le musée du Louvre, possède deux bons tableaux de cet artiste.

LESUEUR,

(Eustache.)

SAINT BRUNO.

Chez tous les peuples, l'art n'atteignit au sublime, qu'en traduisant leur enthousiasme patriotique ou religieux; car, sans ces mobiles, l'art amoindri n'est plus qu'un ingénieux mécanisme.

Les phases de l'art chrétien ont été nombreuses. Les successives époques des catacombes, de Constantin, de Charlemagne, et de l'école byzantine jusqu'à Mahomet II, ont préparé celles de Giotto, de Léonard de Vinci et du Pérugin. Ce sont les xive, xve et xvie siècles qui ont le mieux divinisé l'art, en l'identifiant avec la foi la plus ascétique comme avec la plus populaire.

Parmi les habiles interprètes des sentiments intimes et profonds, la France du xviie siècle s'honore de compter Lesueur. L'expression religieuse de saint Bruno adorant un crucifix, est un chef-d'œuvre atteignant aux limites de l'art le plus sublime.

CONVERSION DE SAINT BRUNO.

Lorsqu'un artiste fait une esquisse pour lui, pour mieux se rendre compte d'un sujet qu'il a profondément médité, il arrive qu'il est surtout hardi et original dans ce premier jet de sa pensée. Ce sont les calculs dont le public est l'objet, qui dépouillent souvent de sa verve la seconde édition d'un chef-d'œuvre.

LUINI,

(BERNARDINO.)

LA MADELEINE.

Luini, de l'école lombarde, après avoir subi l'influence du puissant génie de Léonard de Vinci, fut attiré par les charmes de la florissante école pérugienne, et l'on peut dire que les ouvrages de sa seconde manière ont fait un gracieux mélange des deux styles. La Madeleine, est certainement une œuvre délicieuse de cette deuxième manière.

DEUX ENFANTS.

C'est encore une œuvre raphaellesque de Luini,

que ces deux enfants représentant peut-être Rémus
et Romulus. La merveilleuse perfection des décors
accessoires, participe de l'habileté rivale des deux
écoles lombarde et romaine.

MARINARI,

(Onorio.)

LA MADELEINE.

Aucun sujet, ne s'est offert à la peinture avec de
plus attrayantes ressources, que celui de la prosti-
tuée repentante. Combien d'amour, de contri-
tion et encore d'amour, dans ce cœur si passionné
et si faible! et quel prodigieux sacrifice d'un luxe
tout de volupté, pour lui préférer les viles duretés
de la cendre et du cilice! Malheureux le peintre,
qui croirait épuisé ce riche épisode du christianisme.

MILET,

(Francisque.)

PLAISIR DE LA PÊCHE.

Ce tableau, d'une facture franche et large, est
un emprunt fait à Annibal Carrache, dans le style
de Nicolas Poussin.

MOLA,

(Jean-Baptiste.)

VISION DE SAINT FRANÇOIS.

Jean-Baptiste Mola, qu'il ne faut pas confondre avec Pierre-François Mola, élève comme lui de l'Albane, est l'auteur de cette Vision extatique de saint François. Elle est peinte sur pierre de touche, dont la couleur gris de fer compose la plupart des tons mystérieux de ce tableau.

MONSIGNORI,

(Girolamo.)

LA CÈNE.

La dernière Cène de Jésus-Christ avec ses apôtres, peinte à Milan par Léonard de Vinci, y excita le même enthousiasme que l'apparition du poëme de Dante à Florence. Aussi, les contemporains proclamèrent-ils divines ces deux œuvres sublimes, et la postérité a enregistré cette magnifique épithète.

En effet, ce cénacle est le religieux frontispice d'un poëme, imposant par le nombre de ses personnages, épique par l'effervescence de leur pantomime, dont le principal intérêt se concentre sur la figure tendrement inoffensive du Christ.

Ah! c'est bien là, le Dieu qui doit se sacrifier, l'agneau sans tache, le symbole du plus grand amour dont se glorifie l'humanité! Voyez, comme une cruelle accusation erre, indécise, sur les lèvres du Sauveur; comme son regard, se détourne généreusement du coupable, qu'il voudrait appeler encore au repentir.

Le tableau de Monsignori, peintre contemporain de Léonard de Vinci, l'un de ces moines que les arts firent palpiter sous le froc et chez qui la foi grandissait l'art, est la plus belle reproduction qui existe de l'original de la Cène, dont Milan déplore la ruine. Même proportion, poses identiques; seulement l'artiste, par un fier sentiment d'indépendance, tout en s'asservissant à ne rien changer au drame divin, en a modifié somptueusement la localité et les accessoires.

La Cène de Monsignori, décorait à l'intérieur l'entrée de la fameuse bibliothèque du couvent des bénédictins, près de Mantoue; couvent doté aussi, au commencement du XIVe siècle, par la comtesse Mathilde.

MOUCHERON,

(Frédéric.)

PAYSAGE.

Paysagistes, attachez-vous, comme Frédéric

Moucheron, à répandre l'air et la lumière sur les divers plans de vos ouvrages, car de leur plus ou moins parfaite distribution dépend principalement l'illusion de la perspective.

MURILLO,

(Bartolomeo.)

JÉSUS ADOLESCENT.

L'école espagnole, se signale par une puissante originalité d'exécution, et par un magnifique emploi du clair-obscur; aussi est-elle classique, malgré les nombreux emprunts faits aux écoles d'Italie. Par exemple, elle s'est trop complue, dans la reproduction non déguisée, des types et des émotions franchement terrestres. Moralès fait presque seul exception.

Murillo, chef de l'école de Séville, florissait un siècle après Raphaël; son style, qui résume les principales beautés techniques du génie national, prédomine par des perfections vraiment ravissantes.

C'est à lui qu'appartient cette touchante figure d'adolescent, agenouillée devant les instruments de la passion, et priant, résignée, avec une si pénétrante prévision de l'avenir.

JARDIN DES OLIVIERS.

Disons maintenant, combien Murillo s'est montré sublime paysagiste sur cette toile si petite, où Jésus agonisant, est secouru par un ange dans le Jardin des Oliviers.

PRÉSENTATION DE SAINT JEAN AU TEMPLE.

La présentation au temple, du précurseur enfant, n'est en partie qu'une ébauche; mais le style en est si noble, le faire si hardi, qu'on hésiterait à souhaiter que le maître l'eût achevée.

VŒU DE LOUIS XIII.

Cette esquisse, d'un sujet tout mystique, s'est offerte à l'imagination de Murillo comme à travers un prisme magique; elle est brillante et nerveuse.

NETSCHER,

(GASPARD.)

CHRISTOPHE COLOMB.

Gaspard Netscher, si habile à peindre les étoffes et autres détails d'un habillement, a mal à propos affublé d'une coiffure peu historique le portrait de Christophe Colomb. Le costume d'un grand homme fait époque comme son génie.

PARMESAN

(François Mazzuoli.

LA VISITATION

Dans ce tableau, qui n'a que la proportion d'une très petite esquisse, Le Parmesan a développé l'épisode le plus noble et le plus gracieux.

Sainte Élisabeth, recevant la visite de Marie, accourt au devant d'elle, malgré son âge. L'attitude de Marie est digne et respectueuse ; elle conduit par la main l'Enfant-Jésus. Saint Jean, déjà homme, est prosterné à gauche du premier plan. Saint Joseph, deux figures de femmes, des anges qui planent sur cette scène, en complètent le délicieux effet.

PAUL VÉRONÈSE,

(Cagliari.)

VÉNUS IRRITÉE.

L'école vénitienne, n'a pas eu de coloriste plus éblouissant que Paul Véronèse, et cet artiste a épuisé tous les trésors de sa palette, pour éterniser le souvenir de la femme qu'il aima. C'est bien elle, qu'il a reproduit sans cesse à la place de prédilection dans tous ses ouvrages. Ici, c'est Vénus irri-

tée, outrageant les flots d'or de sa divine cheve-
lure, tandis que près d'elle pleure un Amour qui,
en tremblant, la regarde.

Cette peinture est étourdissante!

UNE JEUNE VÉNITIENNE.

On peut attribuer à la jeunesse de Paul Véronèse, cette naïve figure de jeune fille, dont le cœur
est distrait, tandis que ses jolis doigts voltigent
sur un métier à dentelle.

ENSEVELISSEMENT DU CHRIST.

Cette maquette, est un scintillant éclair qui a
jailli de l'imagination de Paul Véronèse.

PÉETER NÉEF.

MESSE DE MINUIT.
Figures par Franck.

L'habileté, de tirer une multitude de lignes, ou
de les conduire au point de vue, dépend du coup
d'œil, de la dextérité de main, et peut être sup-
pléée par des procédés mécaniques. Mais le talent
seul, peut placer toutes ces lignes dans l'espace,
en les enveloppant d'air, d'ombres et de lumière.

Personne n'a si bien possédé ce talent que Péeter
Néef, dont la Messe de minuit est en outre un miracle de clair obscur.

PINACKER.

CHARDONS ET COQUELICOTS.

Cette étude, si ingrate au premier aspect, devient, en l'observant attentivement, un prodige d'art.

PIOLA,
(Paolo Girolamo.)

SAINT CHARLES.

Cet héroïque archevêque de Milan, ce sublime apôtre du christianisme, est en adoration devant un crucifix. Sa physionomie, son geste, ont l'éloquente expression des sentiments qui firent battre son cœur.

PONTORME,
(Carruci.)

PORTRAIT DE MICHEL-ANGE.

Le Pontorme, ce grand peintre florentin, dont le talent fut associé parfois à celui de Michel-Ange, a sculpté cette figure avec un pinceau de fer. La large facture de tels traits, animés par le génie, révèle le portrait de Buonarotti.

REMBRANDT,

(Van Ryn.)

SAINT JÉRÔME. — ÉTUDE DE VIEILLARD.

Le maître, qui a inventé les plus captivants effets de clair-obscur, mais dont le génie fut condamné à ne jamais s'élever, Rembrandt, est l'auteur de ces deux tableaux. On remarque une noblesse inusitée de style dans le Saint Jérôme, auquel le savant artiste a donné les dernières touches avec la hampe et en pleine pâte.

L'Étude de vieillard est attaquée avec une extrème franchise.

Rembrandt a surtout peint de merveilleux portraits.

RENOUX.

CHAPELLE DE SOCQUEVILLE, PRÈS DIEPPE.

Opposer, avec discernement, des effets variés de lumière ; faire contraster des fonds agréables, avec des premiers plans d'un ordre plus simple ; c'est rendre doublement vibrante la fibre de la sensation. Nul n'y est plus astreint que le peintre d'intérieur.

Renoux, l'a parfaitement compris dans le choix du sujet qu'il a traité. La lumière pâle, l'air humide de son premier plan, font valoir le chaleureux effet de l'autre atmosphère que le soleil colore. Un notable mérite de ce tableau, c'est que les nombreuses figures en sont traitées avec habileté et conscience.

RIBERA,

(L'Espagnolet.)

SAINT JÉRÔME.

Le génie sombre de Ribera, se complut tellement dans les fortes oppositions d'ombre et de lumière, qu'il les exagéra souvent jusqu'à l'invraisemblance. Souvent aussi, il affectionna trop la représentation d'objets ignobles et repoussants. Pourquoi ne se maintint-il pas davantage dans les hautes régions de l'art? Le Saint Jérôme, est un chef-d'œuvre, qui a la plus étonnante analogie avec le style du plus beau temps du Dominiquin. Deux peintres, eurent rarement autant de rapports de talent et de caractère que Ribera et le Caravage.

RIZZO,

(Di santa Croce.)

LA VIERGE ET LE BAMBIN.

Ce fut vers le milieu du XVe siècle, que des Italiens, établis en Hollande, firent pour la première fois parvenir en Lombardie, des tableaux de Van Eyck, inventeur de la peinture à l'huile. Le fini le précieux de cette nouvelle école ; son intensité de coloris ; exercèrent une subite influence sur l'art à cette époque. Puis, Albert Durer, vint en Italie en 1495.

La Vierge de Rizzo, l'un des contemporains du Vénitien Jean Bellin et d'Albert Durer, est fortement empreinte de l'imitation de la manière hollandaise.

RUYSDAEL,

(JACQUES.)

UN GUÉ.

Le génie de Ruysdael, l'attirait vers les sites d'un aspect simple et sévère. Au lieu de cette nature étincelante, coquette, qui souriait à la fraîche imagination de Claude ; il fallait à celle du peintre hollandais, une nature vierge, des déserts, un ciel chargé de nuages. Nul autre que Ruysdael, n'aurait choisi ce motif de gué.

SACCHI,

(ANDREA.)

SIBYLLE PERSIQUE.

Les admirables sibylles et prophètes, de la voûte de la chapelle de Sixte IV, peints au Vatican par Michel-Ange, frappèrent de stupéfaction le grand siècle de la renaissance. Raphaël, lui-même, à leur vue, sentit transformer son génie.

Andrea Sacchi, fut l'un des plus célèbres artistes de l'école romaine qui s'en inspira, comme on en peut juger par cette sibylle si imposante, si sublime, tellement en rapport avec le ciel.

La magnificence du coloris, n'est pas au-dessous des autres mérites de ce chef-d'œuvre.

MIRACLE DE BOLSÈNE.

La comparaison, entre eux, des ouvrages d'un même artiste, contribue à mieux caractériser l'éminence de son talent; tel est l'effet produit par ce second tableau d'Andrea Sacchi. La légende de Bolsène, a été traitée par lui avec autant de puissance de coloris que d'élévation de style.

SALVATOR ROSA.

PAYSAGE.

Généralement, le choix des sujets traités par Salvator Rosa, trahit les sauvages inspirations de l'école du Spagnolet. Des rocs ardus, des torrents, des combats, lui paraissaient surtout dignes d'animer ses pinceaux. Cependant, il lui arriva d'être séduit par les compositions pastorales de Claude et de son école; ce paysage en est une preuve.

SCHEDONE,

(Bartolomeo.)

LE CHRIST AU TOMBEAU, VISITÉ PAR LES ANGES.

C'était, supprimer de la mort du Christ, tout ce qu'elle a de surnaturel, que de représenter son corps raide et décharné, à la manière des anciens peintres byzantins. Les formes de la divinité incarnée; ce corps que des anges devaient ravir vers le ciel; pouvaient bien être privés de ce souffle que nous appelons la vie, mais non perdre une certaine apparence d'animation privilégiée; et c'est ce qu'ont parfaitement compris les peintres mystiques des siècles suivants.

Le Christ de Schedone n'y fait pas défaut, et de plus il est à remarquer combien, dans ce tableau, le Schedone s'est inspiré de la manière du Corrège.

SUBLEYRAS,

(Pierre.)

DEUX JEUNES FILLES.

La coquetterie et le repentir, ces deux phases de l'âme, quelquefois si voisines, sont personnifiées par deux jolis minois de jeunes filles. On s'intéresse aux pleurs de l'une, et l'on se défierait de la coquette qui nargue l'Amour à l'abri de son éventail.

C'est une leçon de morale, donnée par Subleyras, et jamais précepte ne fut offert plus agréablement.

SWANEVELT,

(Herman d'Italie.)

LE POINT DU JOUR.

L'heure choisie par Swanevelt, est celle du lever de l'aurore; heure de fraîcheur et de rosée, où les ombres voilent une partie de la terre encore.

TÉNIERS,

(David.)

MARIAGE DE SAINTE CATHERINE.

Se faisant un jeu du mécanisme de l'art, David Téniers se plaisait à pasticher les diverses écoles; mais, à travers ces imitations, plus ou moins sérieuses, son propre style transpirait toujours. Cette fois, il s'est fait le plagiaire de Paul Véronèse, et il est surtout reconnaissable dans la figure de l'enfant et dans celle de saint Joseph.

LE TINTORET,

(Jacopo Robusti.)

CHRIST A LA COLONNE.

Le Christ à la colonne, est l'une de ces brillantes

inspirations du Tintoret, qui faisaient pâlir d'envie le Titien, et qui firent dire de ce peintre si grand et si fougueux, qu'il employait quelquefois un pinceau d'or.

Cette scène barbare, enveloppée des ombres de la nuit, est éclairée par des torches lugubres, à la lueur desquelles se dessinent les sinistres formes des juges et des bourreaux. Sur le premier plan apparaît lumineuse, d'un éclat pur et céleste, la belle figure du Dieu qu'on torture.

Il y a là de ce terrible, qui devait assaillir une imagination vénitienne, parmi les sombres mystères oligarchiques de la cité des lagunes.

FLAGELLATION DU CHRIST.

Cette deuxième version de la flagellation du Christ, est encore belle, malgré l'extrême supériorité de la première. D'ailleurs leur comparaison intéresse, en ce qu'elle initie à ces secrets élans de l'imagination, qui grandissent en s'élaborant.

PORTRAIT DE CARDINAL. — AUTRE PORTRAIT D'HOMME.

Un artiste, d'aussi grande verve que le Tintoret, devait exceller à peindre le portrait; en effet, ceux-ci pétillent de vie.

PARABOLE DES TRAVAILLEURS ENDORMIS.

Les brillants succès du Giorgione, comme paysagiste, excitèrent l'émulation générale de ses contemporains. Le Titien ambitionna de le surpasser. Le Tintoret, lui aussi, avait trop le sentiment de sa puissance, pour ne pas chercher quelques-uns des effets fantastiques de la lumière et de la perspective.

Le sujet du tableau actuel, est la Parabole des Travailleurs endormis. Profitant de leur profonde incurie, le diable sème l'ivraie qui doit un jour étouffer le bon grain. L'ordonnance et l'exécution de ce tableau sont gigantesques.

TITIEN,

(VECELLIO.)

PORTRAIT DE DOGE.

On a dit du Titien, que personne aussi bien que lui n'a vu la nature et ne l'a représentée avec plus de vérité; aussi devint-il, par la mort prématurée du Giorgione, le premier peintre de portraits de son époque.

Une particularité de celui d'un doge, c'est la chaleur du coloris unie à la puissance du clair-obscur, au point que Titien semble avoir deviné la manière de Rembrandt.

VAN BERGHEN,

(Dirck.)

LE PATURAGE.

Reposons notre vue, sur cette verte pelouse émaillée de fleurs. La contrée est riante, gracieusement accidentée, et la distribution, comme la forme de ses bocages, nous transportent dans une autre Arcadie. Un pâtre joue de la flûte; assise près de lui, une bergère l'écoute, tandis que le troupeau broute ou rumine. La douce lumière d'un soleil couchant, caresse cette scène d'une fraîcheur délicieuse.

Van Berghen a égalé, cette fois, son maître Van den Velde.

VAN BLOEMEN,

(Orizzonte.)

DÉPART POUR LA CHASSE. — RENTRÉE AU BERCAIL.

Van Bloemen, fut l'un des plus intelligents imitateurs de Guaspre Dughet. Il excellait à rendre l'effet des vapeurs, dont s'enveloppe matin et soir l'horizon; aussi les Italiens le surnommèrent-ils Orizzonte.

VANDER HELST,

(Bartholomé.)

FEMME DE BOURGMESTRE.

Il fallait sans doute beaucoup d'art, pour donner de l'attrait à un portrait de femme aussi dépourvu de grâces ; du moins la pose en est digne ; le costume a une opulence et une gravité convenant à merveille à l'une de ces femmes de bourgmestres que peignait si bien Vander Helst.

La souplesse de carnation des mains est vraiment prodigieuse.

VANDER MEER,

(Jean.)

BORDS DE LA MEUSE.

Les bords, tout à la fois grandioses et riants de la Meuse, ont souvent exercé les pinceaux de Vander Meer. Une exécution facile et large, distingue le talent de cet artiste, peu connu en France.

VANDER NEER,

(Eglon.)

LA LEÇON DE MUSIQUE.

Gérard Dow et Metzu, ont été de si près suivis

par Eglon Vander Neer, dans sa Leçon de musique,
qui est une œuvre parfaite, qu'on y croit reconnaître la réunion merveilleuse de leurs principales
qualités.

La fraîcheur, la suavité, la transparence du coloris de la jeune femme sont incomparables; tandis
que le faire, large, vigoureux, et pourtant suave
aussi, de la figure du maestro, sera trouvé exquis.
D'ailleurs ce tableau a toute sa fleur virginale.

VAN DYCK,

(Antoine.)

SON PORTRAIT.

Van Dyck, est beaucoup plus jeune ici que dans
son portrait qui est au Louvre. L'on peut juger
par celui-ci, avec quelle vigueur de pinceau, avec
quel éclat de couleur, l'élève de Rubens débuta
dans la carrière qui rendit son nom immortel!

DEUX PORTRAITS.

Ces deux portraits, de forme ovale, appartien-
nent à l'époque de la maturité du talent de Van
Dyck.

Une grande finesse; des ombres larges et dégra-
dées, à la manière de Léonard de Vinci; mettent
singulièrement en relief les traits nobles et fiers
de l'homme. Vu, au contraire, presque de profil,

le portrait de la femme ressort dans la lumière,
pour mieux faire valoir l'extrême transparence de
sa carnation.

UN PORTRAIT D'HOMME VÊTU DE NOIR.

Lorsque Van Dyck a peint le portrait, à la manière de Rembrandt, avec la magie du plus étonnant clair-obscur, il n'eut rien à craindre de cette
redoutable rivalité ; peut-être même, la perfection
d'un incomparable dessin, assure-t-elle la supériorité à Van Dyck. Ce portrait d'homme, peut contri-
buer à la solution d'une si délicate question ; tout
y est prodigieux ; et pour comble d'intérêt, il fait
revivre Van Dyck lui-même.

SAINTE BARBE ET SAINT HUBERT.

Les moindres passe-temps d'un illustre pinceau,
ont un véritable prix. Cette bluette de Van Dyck,
rayonne des éminentes qualités de ce grand artiste.

VELASQUEZ DE SYLVA.

PORTRAIT DE FEMME.

C'est un rapprochement plein de charmes, que
celui des ouvrages de deux maîtres également célèbres pour le portrait, Van Dyck et Velasquez ;
l'un Flamand, l'autre Espagnol ; contemporains,
et tous deux complètement originaux.

En quittant les portraits peints par Van Dyck,

un nouveau plaisir vous attend devant ce portrait de jeune femme, par Velasquez. La suavité du coloris en égale la richesse ; les mains sont admirables, et les élégants accessoires sont touchés avec une habileté merveilleuse.

CHARTREUSE.

Lorsque Velasquez vint en Italie, il fut témoin des succès obtenus, par les écoles vénitienne et bolognaise, dans le paysage ; il devait s'en inspirer. La légende de saint Bruno, et le sombre désert choisi par le fervent anachorète, lui ont fourni le motif de cette Chartreuse.

DEUX PETITS PORTRAITS.

Ces deux portraits des enfants de Philippe IV ; l'infant, depuis Charles II ; et l'infante, depuis Marie-Thérèse, femme de Louis XIV ; ont un aspect et une touche vénitienne à s'y méprendre.

ÉTUDE D'APRÈS UNE JEUNE FILLE.

La physionomie de cette jeune fille, est sémillante d'espiéglerie. Ce n'est qu'une étude, mais par Velasquez.

VAN GORP.

L'AMOUR AUX AGUETS.

L'Albane, eût avoué cette maligne figure d'A

mour, protégeant le doux passe-temps de quelque nouveau triomphe.

VERKOLIE,

(Jean.)

SCÈNE D'INTÉRIEUR.

Une dame, richement vêtue, badine avec un chien, tandis qu'une servante se détourne pour considérer cette scène. Tel est le sujet simple et gracieux, que Verkolie a traité avec une grande délicatesse.

VERNET,

(Joseph.)

MARINE AU SOLEIL COUCHANT. — MARINE AVEC CLAIR DE LUNE. — ÉTUDE DE PAYS MONTAGNEUX.

Le talent, souple et fécond de Joseph Vernet, lui acquit d'autant plus de célébrité, qu'il fut le second peintre de marine dont se glorifia la France. Trop clairvoyant pour se hasarder sur les brisées de Claude, il s'empara de motifs neufs, les combinant avec de séduisants effets de nuit ou de lumière. Des scènes de pêche, des tempêtes, des clairs de lune; s'animant de figures et de navires spirituellement mis en action; popularisèrent l'ingénieux peintre provençal.

Vernet, quoique l'art chez lui sente trop le métier, n'a pas moins des droits à un rang illustre parmi les artistes.

WÉENIX,

(JEAN BAPTISTE.)

DEUX TABLEAUX DE GIBIER.

Wéenix, a perfectionné merveilleusement un genre peu haut placé dans la hiérarchie pittoresque. Le fini, et souvent le large de son pinceau, lui ont mérité une juste admiration.

ZAMPIERI,

(LE DOMINIQUIN.)

MARTYRE DE SAINT ÉRASME.

L'auteur de la fameuse Communion de saint Jérôme, ne saurait mieux être loué, qu'en rappelant la profonde admiration qu'il inspirait à Nicolas Poussin. Aussi grand dessinateur que penseur, le Dominiquin se délassait d'un sujet grave, par des compositions poétiques ou par de savants paysages.

Rien de plus parfait que son esquisse du Martyre de saint Érasme, évêque. Quel drame à la fois terrible et sublime! et comme le gracieux y intervient à propos, à l'aide de ces petits anges aériens jouant avec la palme du sacrifice. L'on hésite, devant ce tableau, entre la préférence à donner au style ou à l'exécution.

TENTATION DE SAINT ANTOINE.

Ce sujet, qu'a traité d'une manière si bouffonne l'imagination hollandaise de Téniers, reprend ici toute la dignité d'une sainte légende.

La foi confiante du saint, exaucée par l'apparition du divin Sauveur, contraste vivement avec la fureur des démons que cette vision foudroie. Jésus, s'appuyant sur deux anges, compose un groupe plein de majesté et de gloire.

MIRACLE DE MOISE.

On ne saurait dire, si les figures ici ne sont que l'accessoire du paysage, ou peut-être le contraire, tant chaque partie concourt à compléter l'ordonnance de cette imposante scène.

Pharaon, entouré de ses principaux chefs et magiciens, assiste au miracle de Moïse changeant les eaux du Nil en sang. L'inspiration, l'étonnement ou la malveillance, contribuent à varier les attitudes et les physionomies des personnages. La contrée, voisine de la ville royale, déploie la plus pompeuse végétation sur les rives du grand fleuve.

SAINT MARC. — SAINT MATHIEU.

La seule coupole, dont le Dominiquin ait peint à fresque les pendentifs, est celle de Saint-André della Valle, à Rome; et ces esquisses, servirent pour deux de ces fresques.

Un autre souvenir, non moins intéressant, qui s'y rattache, c'est qu'elles appartinrent au peintre Gros, qui s'en inspira pour peindre la coupole de Sainte-Geneviève. Leur rare beauté explique cette judicieuse distinction.

LA MÈRE DU MESSIE.

La Vierge, placée sur un trône, présente l'enfant Jésus à saint Joseph et au jeune saint Jean, qui l'adorent. Saint Jérôme, feuillette les saintes écritures, pour y reconnaître les passages qui s'appliquent à la naissance du divin Messie. Jamais le Dominiquin, n'a mieux atteint que dans ce tableau, la noblesse et le grandiose de la peinture.

SAINTE BARBE ET SAINT ANDRÉ.

Une expression simple et pieuse, une attitude empreinte de dignité, des formes et des draperies d'un heureux choix, reparaissent dans chacune des œuvres de Dominiquin.

Ecole de Michel-Ange.

ÉTUDE DE FONTAINE.

On ne peut méconnaître l'école de Michel-Ange, dans ce majestueux projet de Fontaine, suggéré par l'Hercule vainqueur de l'hydre.

Ecole Romaine.

ORDINATION D'ÉVÊQUE.—PRÉDICATION DEVANT JULES II.

Ces deux études, remarquables par leur éclat vénitien, et leur belle entente de clair-obscur, laissent indécis sur le nom de l'habile maître à qui les attribuer.

Ecole Bolognaise.

LES CINQ SENS.

C'est avec un mélange des styles du Dominiquin et du Guerchin, qu'a été peinte cette brillante allégorie. Le superbe type de la figure principale ; la pompe du coloris ; le large des draperies ; attestent un talent supérieur.

L'ensemble du groupe est imposant, les détails sont remplis de charme. Comme cette mère de cinq enfants, qui lui composent une attrayante couronne, est heureuse de sa tendresse et de la grâce de leur badinage! Son attention, complaisamment se partage entre le tintement qui résonne à son oreille, le parfum des fleurs qu'on lui présente, la gaieté de l'enfant qui se surprend dans la glace, la complaisance rieuse de celui qui appuie une main sur la sienne, et enfin la gourmandise du plus jeune qui reste suspendu à sa blanche mamelle.

C'est là, tout le poétique domaine de la sensualité.

DEUX GRAPPES DE RAISIN.

Ces deux études, faites à Rome, sont éminemment belles.

Ecole du Corrège.

ADAM ET ÈVE, APRÈS LE PÉCHÉ.

Cette maquette de l'école du Corrége, est très probablement du Corrége lui-même.

Ecole du Baroche.

DIEU COMMANDANT AU SAINT-ESPRIT.

La figure de l'Éternel, est une évidente réminis-
cence du célèbre Moïse de Michel-Ange, placé
sur le tombeau de Jules II, dans l'église de Saint-
Pierre-aux-Liens.

Ecole du Guide.

LA VIERGE EN PRIÈRE DEVANT L'ENFANT JÉSUS ENDORMI.

Peu de compositions du Guide, stimulèrent
autant que celle-ci le zèle des imitateurs ; et peu
de compositions, en effet, durent paraître plus
simplement attrayantes.

On reconnaîtra infiniment de mérite, à ce joli
tableau, qu'il ne faut pas confondre avec une copie.

FIN.

9 782329 284705